AF174214

SI TE PREGUNTAS POR QUÉ UN POCO

Si te preguntas por qué un poco
(Orígenes de la hiperestesia)

Primera edición: febrero de 2025

© 2025, Txetxu González

Copyright del diseño de cubierta:
© 2025, Eduardo Jiwnani
La Luz Roja

Imagen de portada: Hipnosis o sueño hipnótico. Fase de catalepsia inducida por una sugestión, la rigidez del cuerpo. Siglo XIX (grabado).

Maquetación: Arcadio Mardomingo

© 2025, de la presente edición en castellano para todo el mundo:
Ediciones La uÑa RoTa, S. L.
Apartado de correos 380
40080 Segovia
Correo electrónico: ediciones@larota.es
www.larota.es

ISBN: 978-84-18782-59-6
Depósito legal: SG-4/2025
IBIC: DCF

Impresión: Villena Artes Gráficas
Printed in Spain – Impreso en España

SI TE PREGUNTAS POR QUÉ UN POCO

(ORÍGENES DE LA HIPERESTESIA)

LAS INVASIONES GLACIALES

VOL. 01

Txetxu González

Ediciones La uÑa RoTa
Colección Libros Inútiles

Ellas, el ojo que ——— ——— hasta aquí.

A Mila
A Manuel

A Sara
A David
A Marta

A Adriano
A Martina
A Gabriela

A Jokin

A ti

¿HABÉIS VENIDO TODOS?

Yo era pequeño, pero juro que escuché esa pregunta demasiadas veces cuando llegábamos al pueblo de mi abuela y esta encendía la luz o abría las ventanas, pero nunca la puerta de par en par. Nunca supe exactamente quiénes eran «todos». Sí entendí que mi familia cercana era una marabunta y también vi cómo mi abuela, en la que ahora pienso con cariño y muy a menudo, había días que no se sentaba en la misma mesa que nosotrxs a la hora de comer o cenar.

Escribí este libro, en primer lugar, alejado de la escritura y demasiado preocupado por vivir y permanecer, aunque más tarde incorporaré algún que otro matiz. También lo hice porque mi padre insistió, durante años, en que escribiera el guion de una película o historia que, según él, nunca antes se había contado o explicado lo suficiente: la de los miles de españoles que, en la década de los sesenta, tuvieron que emigrar en busca de la dignidad y oportunidades que este país les negaba.

Todo lo que aconteció antes y más allá fue, sin adverbios de modo, una época de supuesta bonanza y desesperación, pero también de descubrimientos y afloramiento de la verdad. Entretanto, fingía que leía a o sobre Beckett, Askildsen, Lagarce, Pirandello, pero también a o sobre Anne Carson, Cy Twombly, Anne Boyer, Tapies, Walser, Tracey Emin, Carver, Perec o cualquier poeta polaco. Pero, sobre todo, escuchaba mucho punk, siempre a Philip Glass y veía muchas películas: obsesiones con Kieslowski, con varias de los hermanos Dardenne, con Pasolini, con Rohmer, con Kim Ki-duk, con Kaufman, con el neorrealismo italiano o con casi cualquier película de corte escandinavo. Me alejé de lxs pocxs amigxs y compañerxs de clase que me quedaban para irme a vivir a una isla, pero allí no fue donde conocí a aquella chica que, tiempo atrás, me había cruzado varias veces en el metro, a la salida del instituto nocturno. Compartimos sala de espera, ansiedad, medicación y fobias. Fue ella quien me enseñó a no confundir a Howard Beale con George Bailey, fue ella quien me dijo: *uno → el pasado es una marca y tú la llevas; dos → desde ese poso levantarás todos tus libros*. Más tarde y antes, también mucho antes, vinieron los cruces y las fronteras, la hipersensibilidad del subtítulo, las decepciones, el aprovisionamiento de las rupturas o eso de hacerse mayor: más, mucho más que tres efectos.

Algunos escribimos porque hay problemas por resolver. En ocasiones hay problemas específicos, más pequeños. Un amigo que trabaja como transcriptor telefónico para gente con dificultades de audición ha tenido que enfrentar el problema de qué hacer cuando un participante al que está transcribiendo ha comenzado a llorar.

(Pone el llanto entre paréntesis).

Este es el problema de qué-hacer-con-la-información-que-es-sentimiento.

-Anne Boyer. «La pregunta inocente» (de *Indumentaria contra la mujer*).
Traducción de Inés Gallo De Urioste (aka Lolita Copacabana).
The University of Texas at El Paso.

Descubra el gen de las partes sustraídas.
Analice las claves y cifras de un sistema (re)forzado.
Elija –si así lo estimara– el orden y concierto.

a) Efectos de la geografía.
b) Efectos del movimiento.
c) Efectos de la relación entre personas emparentadas.

La jerga de no todas las decepciones.
El léxico de no todos los colmos.
Desbocarse empleando las formas no reglamentarias.
Abuso del rojo y de las detenciones sacádicas.
La higiene adaptada a los tiempos.

Querida lectora,
la pretensión impide que el diafragma se relaje.
Este es sólo un fragmento del libro de familia
que habrá de precipitarse. A su debido tiempo.
He aquí un entrenamiento del lacrimal.

Querido lector,
la alopecia es consecuencia de una interrupción del tratamiento.
Su género está maldito.
A veces, la vanidad no contribuye a equilibrar la presión.
La condescendencia, la complacencia, el polipropileno no se contemplan.
Súbanse a la parte de atrás.
Acompañen, pero cuídense de hacer cualquier ruido molesto al doblar el cuello.
Jamás objeten en contra de la música.

Invierno de 2012. Copenhague.

Mi sistema inmunitario ataca por primera vez el tejido corporal sano.

Acudo a una entrevista de trabajo a quince grados bajo cero.

Nieva oblicuamente.

Durante la espera, comparto charla con una calabresa, dos lisboetas, un napolitano, dos atenienses, un corfiota y una polaca de los Cárpatos que me habla sobre Chopin.

Anoto algunos números de teléfono.

En el proceso, pierdo el guante de la mano izquierda y se me arrugan el pecho, el estómago, el currículum y las capas de ropa.

Deseo —más que cualquier otra cosa en el mundo— que me contraten para repartir periódicos por todas las estaciones de metro y autobús de la ciudad.

A pesar del gorro de lana, se me congelarán las calvas que han asomado en la parte posterior de la cabeza.

También tengo dos en la barba, a la altura del mentón derecho.

Minutos antes de entrar a aquel despacho, recuerdo haber fantaseado con el prognatismo y la muerte de todos los Habsburgo.

Una vez en casa, atiendo al nacimiento de la expresión «movilidad exterior».

De inmediato, pido cita con la doctora Nørregaard.

Hay manchas de moho en el baño y la calefacción no funciona.

Alguien me dice *olvídate de la pintura.*

No olvides pelar y poner a hervir las patatas.

Haz lo que te dé la gana, pero olvídate de la poesía.

Invierno de 2018. Madrid.

Mi sistema inmunitario ataca por segunda vez el tejido corporal sano.

Llueve oblicuamente.

En mi bandeja de entrada, recibo el currículum de la polaca que años atrás me habló sobre Chopin en una entrevista de trabajo.

Algo olía a podrido en Dinamarca.

Días más tarde, a las 12.31 de un día de finales de marzo, alguien me envía el teléfono de un dermatólogo por wasap.

Primavera de 2017. Zagreb.

Pinto cada día.

Los veinte miligramos de escitalopram me sientan de maravilla.

Alicia de Borbón-Parma Habsburgo se beneficia de la amnistía fiscal.

Regulariza más de dos millones de euros de sus cuentas en Suiza.

Lo hace presentando una declaración tributaria especial por vía telemática.

Tarareo una canción.

La asamblea de majaras ha decidido. Mañana sol y buen tiempo.

Y anorexia.

Y arreglar el atasco del sumidero del baño.

Durante el proceso, me hago amigo del panadero albanés de mi barrio.

Staglišće es como Vallecas pero más verde y además tiene un lago.

Invierno de 2018. Madrid.

La areata crece y no lo hace como los problemas de aquella serie americana de los noventa.

Me cuentan que el prota acabó convirtiéndose en apologista nazi de la fe cristiana.

En Viena echan pestes sobre el nuevo primer ministro y

mi hermano se rompe un brazo víctima de una avalancha de nieve.

Ante la continua salida de venezolanos hacia países vecinos y del resto del mundo, *ACNUR* publica nuevas directrices para que los gobiernos aborden la situación de las personas en necesidad de protección y asistencia humanitaria.

Me llaman desde Nyhavn para decirme, entre otras cosas, que ya funciona la calefacción.

No me hace ninguna gracia.

El gas sube un seis coma dos por ciento.

Ellos salen a la calle para denunciar la pérdida de poder adquisitivo de los pensionistas.

Enero de 1965. París.

Ella tiene diecisiete años.

La ley de algunos países prohíbe el uso de paja en el embalaje de los efectos personales.

Su maleta es un pedazo de cartón envuelto en cuerda de sisal trenzado.

Es el comienzo de la hegemonía de la explotación sobre la ingenuidad.

La familia es importante.

La familia es la principal causa de mortalidad prematura en hijas mayores.

Hija mía, tienes que irte y trabajar.

Hija mía, ¿cuándo llegarán los giros?

No obstante, la primera entrega de *El Padrino* se estrena siete años después.

Es uno de los otoños más cálidos de la historia.

El precio de la edición francesa de *Vogue* es de catorce francos.

En su número de septiembre, Yves Saint-Laurent nos presenta los diseños de la colección que dedica a Piet Mondrian.

Ella se hace amiga de una donostiarra y, cada nueva mañana, camina sin parar y reza.

Abril de 2009. Viena.

Los techos de mi casa son tan altos que ni siquiera me planteo intentar devorarlos.

Tengo chimenea en el estudio, brasas que hacen desaparecer el vello de mis manos.

Escribo, dibujo y trabajo para una editorial a la que no le importa que me retrase en las entregas.

Me he hecho experto en guisos de todo tipo.

No tengo amigos.

Mi hermana está embarazada y cada dos o tres semanas conduzco hasta Venecia para verla.

Entonces, ella aún desconoce la amenaza de la violencia.

La palabra *género* ni siquiera se menta.

El chef guisa y trae el dinero a casa. Eso es todo.

En una de mis idas, me detengo en la cuneta porque el blanco profundo de la nieve me abrasa los ojos.

En uno de mis regresos, muy de noche y poco después de haber dejado atrás la ciudad de Linz, me desvío de la autopista para repostar en una gasolinera.

Sin saber cómo, he acabado en Mauthausen y además me he quedado sin pastillas.

Recuerdo aquella mirada a la matrícula extranjera de mi coche.

Recuerdo la voz torcida en inglés de aquella empleada.

Have you seen the camp?

Cuando me reincorporo a la autopista piso el acelerador hasta hacer tambalear el chasis.

Alguna ventanilla permanece completamente abierta.

Desde el salpicadero, caen sobre el asiento del copiloto mi pasaporte y una bolsa abierta de patatas.

Nadie me dice aún *no te olvides de cortarlas y ponerlas a hervir.*

Los días siguientes me dejo arrastrar por el síndrome de abstinencia.

Alguien me dice *I'm gonna jump out that window. Do you want to see me?*

Lo repite varias veces con el filo de unas tijeras de cocina sobre la muñeca izquierda.

Nos separa una bañera antigua con patas de garra.

En apenas una hora y veintidós minutos, el hombre ejemplifica su natural tendencia a proferir coces y mordiscos. Una historia que se repite siempre al tiempo que se ilumina el rótulo de una película de *Michelangelo de Ferrara*. Sea en el jardín de Pierrot et Denise: *Et découvrir des fleurs qui n'avaient pas nom.* Sea en la terraza de un apartamento mediterráneo y húmedo: *En el (hipo)campo se cría la mejorana.* Sea en un salón recién reformado, en el barrio más obrero de la argucia preolímpica: *Vengan a ver lo que no quieren ver.* Sea desde un banco, en un pueblecito cerca de Limoges: *Me dijo que corriera y corrí.* Sea en el interior de un Peugeot 309 rojo, muy rojo, camino de Santa Cruz: *Padre, yo quiero subir aunque me caiga al bajar.*

Deberíamos dar por terminada (susurro multitudinario)[1].

Se escabulló al comenzar (susurro multitudinario)[2].

Ahora procura no ensuciarte hasta (susurro multitudinario)[3].

Murió, ha muerto (susurro multitudinario)[4].

Siempre duele más (susurro multitudinario)[5].

Siempre (susurro multitudinario)[6].

---

1 *LA NOTTE* …
2 *LA NOTTE* …
3 *LA NOTTE* …
4 *LA NOTTE* …
5 *LA NOTTE* …
6 *LA NOTTE* …

Cuando cae *LA NOTTE* y llega por fin a casa, el padre de la madre se queda dormido sobre un plato.

Al despertar, le caen restos de pan y sopas canas del mentón (fino como la ceniza).

Es un invierno como cualquier otro, en el que las deudas del hambre y el estraperlo todavía gozan de hiperfuncionalidad.

Diez años más tarde, sobre esa misma mesa, alguien emite un tutorial para la fabricación de hatillos y fardeles.

Esas manos cobrizas han acabado dentro de una caja colmenera y las picaduras han multiplicado la presencia del tóxico.

Se evidencia anafilaxia en las transiciones de la imagen. La culpa provoca *microdecesos* y tumulto.

En un momento para la historia, John Nash declararía: *If I felt completely pressureless I don't think I would have gone in this pattern.*

En 1971, el hatillo no vuelve hecho una Hartmann de piel y las parejas que caminan por el Boulevard Saint-Marcel tampoco se diferencian mucho de las parejas que llenan las clases de la Universidad de *Teherán*, *Teherán*, *Teherán*[7].

Señorías, hay que decir, a toda prisa, que la prevención es siempre más barata que la cura.

Cierre adecuadamente los contenedores.

22

---

7 Según cuentan, el padre de la madre, en su lecho de muerte, repetiría, una y otra vez, el nombre de la capital de Irán antes de apagarse del todo.

Mantenga los espacios libres de azúcar, colores vivos, heces de animal.

No considere el uso de estampados florales o prendas demasiado sueltas.

Perfeccione cuanto antes la técnica de giros enlazados sin bajar del relevé.

En estos poemas, como en esta familia, la repetición evoca la torre más lejana al rey: un movimiento especial. Para apreciar la magnitud de la obra, deben acercarse al lienzo y sentir que se desgarra. Sólo entonces: el delirio de la fruta caída, el frente del Ebro, el primer pecado capital rogándole al segundo, uno de los postulados más célebres de la teoría económica del capitalismo. La pasión, junto al mar, por los boqueroncitos en tempura.

¿Alguna vez pensaste en ser la que abandona, en lugar de ser la abandonada?

La necesidad no implica legalidad, abscondidamente.

Un abuelo es lo más parecido a un estado omnipotente, sobre el que no se generan, en ningún caso, hesitaciones, ocres saturados, polvo de yeso o aglutinantes tipo goma arábiga.

Que alguien ose reafirmar sobre empapado no implica que el fallo descalabre.

En la década de los sesenta, sin reciedumbre financiera, los cabarés cierran sus puertas y alguna que otra isla reescribe el tacto que hasta entonces el mar había grabado en las rocas.

Copiar en clase es un despeñadero al que se asoma la gloria de un pintor renacentista.

La polio, la tasa de mortalidad infantil no se mencionan en los carteles de sol y playa.

Yo no he contado cuatrocientas ochenta y siete palabras que empiezan por *abs* pero alguien cuyo primer apellido empieza por K, como una fuerza similar a la constante de Boltzmann, una noche de julio, más allá del jardín ajeno a cualquier canción francesa grabada antes de 1977, me escribe:

24

el absceso que provoca la enfermedad mental, con el tiempo, deja una marca asombrada en los ojos.

Pienso en la redonda[8] a la que la madre de la madre se aferraba, tal vez, para evitar la descomposición. Pienso en la inexistencia de casos heredados y en cómo el dolor de los dolores, a veces, se instala en la sintaxis de una casa, sin necesidad de *altarizar* los efectos de la mesura o la pelagra.

¿Alguna vez pensaste en ser la que abandona, en lugar de ser la abandonada?

Ella no decide caminar. Ella evoluciona hacia una belleza montaraz que, con el tiempo, se instala en la piel como corambre bañada en plata. Es esa entraña que se dobla en un cuerpo al cruzar mil novecientos cuarenta y tres canales de Sicilia desde el río Naf hasta Bangladesh pasando por La Jonquera hasta el valle de Bekaa.

Me tuve que ir y, al volver, ya nadie recordaba nada.

8 Copita coñaquera.

Invierno de 1967. Garches.

Clínica.

Manicomio.

Sanatorio.

Psiquiátrico.

Casa de reposo.

La venezolana de padres diplomáticos a la que, por las noches, cuando todos duermen, llevan comida en secreto.

La adolescente que rechaza a los auxiliares y que sólo acepta ser bañada por él.

El viejo ruso que les regala caviar y flores rojas en el día de su despedida.

La mujer con septicemia que muere setenta y dos horas después de ingresar.

La habitación número cuatro.

La habitación número siete.

Dominique y Helene, el matrimonio vascofrancés con el que nunca terminan de congeniar.

El periodista con amnesia retrógrada.

La esposa del presidente del consejo del poder judicial.

Pregunta a mamá.

Una especie de purgatorio más allá de la *ville des rats*.

Jorobados, insomnes, embarazadas de catorce, quemadas con ácido, esquizofrénicos, alcohólicos y Theo Lamboukas, *el oso de trapo que amaba a una diosa*, tres años antes de su muerte en un accidente de coche.

Mme Citröen es muy alta y siempre recibe en camisón. Tiene los ojos claros y grandes y un pelo blanco, muy largo, que le cubre la cara.

Voleur, c'est vous qui avez volé mon argent.

Indios y vaqueros peleando hasta la muerte en su cuarto con vistas a Le Touquet.

El músico profesional que, a la hora del desayuno de un día seis del ocho menciona, entre susurros y en primicia, que un tal Neeme Järvi va a dirigir el *Credo* de Arvo Pärt en Tallín.

Agosto de 1990. Saint Junien.

Todo cambia aquella noche en la que un espectro se cruza en nuestro camino.

Nos hemos perdido en los jardines de aquel *château*.

Son amigos de papá y mamá.

Aunque todo esté oscuro no nos pasará nada.

Cuenta hasta diez y corre.

Ella tiene once y yo tengo nueve.

Aún me meo en la cama y *exijoextorsionado* helado de vainilla después de cada comida.

Nunca se lo cuento a nadie, ni siquiera a ella, pero tengo por costumbre meter los dedos en todos los enchufes de la buhardilla y de las habitaciones contiguas.

Lo hago porque me gusta cómo huele justo después.

Todo cuanto sucede en el interior de esos muros responde a la primera fase, la más juvenil, de un mundo por heredar.

No puedo dejar de pensar en la utilidad del verano.

No puedo dejar de pensar en la utilidad del regreso.

¿Para qué volver a Madrid?

¿Para qué volver a aquel número de la Avenue Montaigne si ahora sólo hay una tienda de Kenzo?

Desde nuestra habitación, la habite el fantasma que la habite, aún se podrá ver el teatro, dice la mayor de siete hermanos.

Por aquel entonces, tu tío fumaba en pipa y era una buena persona.

No quieras saber más sobre la multiplicación de las plantas por esquejes.

Diremos que no hay que humedecer demasiado el medio.

Diremos que, un error muy común, es raspar demasiado el tallo antes de relegarlo al fondo de la tierra.

Cuando llegue el momento, rehusaré tomar esa pastilla y esa otra y esa otra.

La obligación contribuye al mantenimiento de existencias ante posibles, verdaderas catástrofes.

James Parkinson no va a enseñarme nada sobre la sustancia negra.

En 1817 ignoraban eso de los factores medioambientales.

Formar parte del personal de servicio es un honor dirigido por John Huston.

Neully Sur Seine.

Desayunar con beluga albino, pieles y champagne.

Asomarse al lido de la vida con ropa prestada.

Un vals orgiástico de cortes impolutos.

El granito rehuyendo hasta el último contacto con el polvo de la greda.

Los temblores son consecuencia de la orfandad vinculada al sudario de una niña.

Después crecí y los techos no abarcaron, a su debido ritmo, tanto abatimiento.

Pagué la entrada de un piso con cuya venta, años más tarde, se construyó otra casa enorme.

Allí cabían un ejército de témpanos de hielo, víveres nominativos, machos de abeja y cortinas amarillas.

El moho se expuso al aire gélido en intervalos regulares.

Tengo cinco hermanos vivos que han aprendido a desatender la medida de un obstáculo no transitorio.

Me fui porque hacía falta el dinero.

Era la voluntad y el último grito en sangre virgen.

Esto no era un país.

Ahora os agotáis pero es en vano.

La guerra ya se perdió.

Cuando en 2049 la muerte se cuele por el lindero zaguán de mis vecinos en busca de otra llave oculta bajo un tiesto, el mundo andará ya por los nueve mil millones de habitantes.

El estado de las cosas no albergará comodidad alguna en su hacinamiento.

Nadie relacionará estos hechos (accesorios) con el crecimiento (exponencial) de nuevos lugares de culto.

Algo parecido a un nuevo fascismo, aun más viejo, dirá *cinquanta e cinquanta*.

Un estudio americano, cual albatros animado por el debilitamiento de las corrientes atlánticas, dirá *diecisiete* y, a ti, que sólo te interesa invertir en el bienestar de los prisioneros, se te pondrá cara de *Who the shit is Dietrich Fischer-Dieskau?*

Por mi parte, si la fortuna respetara cada uno de los años invertidos en dar réplica al medio, ya no diré nada.

Si el temblor me sobreviniera no alcanzaría a inventariar el pandemónium, la facilidad con que las series cotidianas renombran el sentido de las cosas.

Si heredara su optimismo, pediría a gritos un neuroestimulador medular sin necesidad de viajar a Chile.

Ya no serían cuatro millones de afectados, serían alrededor de seis y tres cuartos.

Lejos, muy lejos, quedará el invierno doce después del dos mil.

Mi sistema inmunitario ya no atacará tejido corporal sano.

Tendré más pelo pero no me servirá de nada.

La dopamina, esa sustancia mensajera, se habrá quedado sin cuerda.

Mis células nerviosas habrán sido devoradas por el malabar de lo perdido

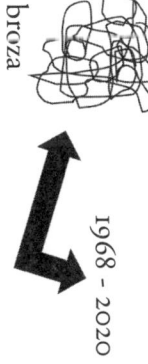

1968 – 2020

entre la broza

En la orilla quedan los paréntesis.

Quiero que me busques dondequiera que esté, allí donde los zorros en llamas, antes de morir, mordieron la mano de Ceres y Baco.

All alert, all alert, all alert al escenario plagado de trampas y precipicios.

A menudo, los arraigos se desdicen de la presa empleando argucias como:

en lo sucesivo, el mundo nos tratará a todos por igual.

Yo tengo un lunar atípico que nunca descubriré.

Tres cicatrices, anchas como el portón de una iglesia o la manta de un caballo.

Se agrandan a medida que el ojo decae.

Os podéis sentar junto a él, sien con sien, a leer en el agua de las fuentes la historia de cómo fue que al camino le nacieron estos ruegos y tumultos.

(ARCÉN)

El que llegó después del niño muerto pinta un cuadro[9]. *Técnica mixta sobre papel. Sesenta por ochenta y cinco.* El primer número es una década y el segundo, tal vez, un porcentaje sobre el que deambula la enormidad. *Mamá no tiene tiempo para ir a la cinémathèque française porque trabaja dieciséis horas al día.* Tres palabras en la parte inferior izquierda: *cry, cry, cry.* No sabe por qué, pero justo cuando comienza a mezclar el rojo con el gualdo se acuerda de los tres sietes[10], de los dos gusanos[11] y de aquella de Johnny Cash: *when everyone's forgotten and you're left on your own.* Como si todas las canciones hablaran de su historia, resuelve evocar cierta visita a una comisaría de las afueras. Noche cerrada, finales del mes uno de hace cincuenta y dos:

Vous ne savez pas dans quoi vous mettez les pieds[12].

---

9   *The rush and the impact (premonition of the fallen rights).* Ir a página 84.
10 Ir a página 17.
11 Ir a página 18.
12 *Ustedes no saben dónde se están metiendo.*

(ARCÉN CON SEÑORA DE BARRIO BIEN. OJERIZA + DIENTES COMO DE CHRISTOPHER WALKEN EN *SLEEPY HOLLOW*)

Paseo del Pintor Rosales (Madrid). Febrero de 2020.

Aquí el instituto[13] de dios que usted ignora.

Desde aquí, españoles con contrato de trabajo y traje, se lo digo yo.

El hombre estará sujeto a una limpieza que nunca ha experimentado desde el inicio de su mundo.

Las Landas. Stuttgart. Gare d'Austerlitz. Zúrich. Hannover.

Españoles con muda perfumada en el petate, se lo digo yo.

En la estación de Chamartín, alguien cuenta una hilera de pinceles para modelismo.

Aquí el milagro económico alemán, se lo digo yo.

Dos veces diez hacen veinte y, una mitad, hace sesenta.

Aquí los extraterrestres metamorfos del espacio exterior.

Españoles no necesitan alcanzar la costa.

La seriedad y el orden triunfan siempre sobre cualquier triada (lo dice ella).

Cree que este esfuerzo en la ejecución de la sentencia se puede tomar de ejemplo.

Armando Rodrigues de Sá no va a llamarte (a veces sí) para contratar la transmisión de fibra o señales luminosas.

Al fondo, negros cuando salen corriendo parecen un millón y medio.

Míralos, míralos cómo devengan. Se lo estoy diciendo.

---

13 (Español de emigración).

34

Españoles no.

Españoles diferentes (oh mallete imaginario).

Algunos se fueron y la mayoría volvieron (canta y dice y dice y dice).

Llegadas a la cúspide de este pasaje, la encía que recubre los incisivos laterales se hincha como una calabaza podrida o bolsa de palomitas.

Españoles no.

Españoles no.

Españoles no.

Españoles no.

Españoles no.

Y punto.

Otoño no antes de cualquier causa. Frontera entre Eslovenia y Croacia.

Este explorador a la fuerza o perro con gazuza.

Al mirarse el amarre en la rodilla, piensa en un Colin Smith contorsionado y al filo.

Carga con un par de maletas de treintaicinco litros, una mochila de nilón y veintiún cuadros.

Al otro lado del muro que circunda la oficialidad del campo, un grafiti enorme:

JESUS KNOWS YOUR PAIN

Por eso tu nombre no está en la dedicatoria.

Antes de tomar asiento, justo después de sonreír y agitar la palma de la mano, piensa que es, además, otras muchas cosas: monstruo de tres o veintisiete tiestos con supraescapular en entredicho y núcleo caudado ingrato. Digamos, por ejemplo, esclavo de un continente que se apaga. Adicto a las *benzos* desde la mano de dios. Criatura de lo obsesivo. Traidor de un modelo. Alextímico por parte de cuerpo con fantasías *hikikomori*.

El bus arranca y se imagina pedaleando sobre un escenario, como hasta las cejas de venlafaxina. Tras la sábana blanca se proyecta la voz jadeante de una sombra en movimiento:

Lo importante es participar, sentirse ligero como una espiga, arrinconar las pérdidas de equilibrio y de visión, mantener activo el germen, la empresa, el móvil.

Correr. Correr más de seiscientos kilómetros por el desierto de Arabia, Kalahari o Chihuahua. Correr con los coyotes o huyendo de las hienas.

Construir muñequitos de cardo ruso y prenderles fuego antes de que las águilas comiencen a acecharnos, sin batir las alas, en círculo.

Recaer:

Impregnar el algodón.

Honrar la habilidad de moverse dentro y fuera de la pantalla.

Rendir tributo a la apertura Benoni.

Dormirás mejor si formas parte y elevas la extenuación a estímulo: devenir —por ejemplo— en radiculopatía.

Para ello conviene que ingieras sales minerales, aminoácidos, oligoelementos, biotina para cebar la fibra.

Carece de importancia el hecho de que, de cuando en cuando, recurras a sustancias prohibidas. Administración de expansores coloidales de plasma o andrógenos anabólicos, cualquier aparición que eluda los controles.

He aquí la razón de ser de un género: superar la afrenta de la calvicie.

La vocación es, desde luego, un acontecimiento taumatúrgico.

Desaparecer:

Me han enseñado eso.

Percibir cómo el tiempo, en compases nada simples, se va ausentando del todo.

Asediado por un vórtice polar, este explorador no recorrerá ochocientas millas para salvar a nadie. Detenta las señas cardinales de la depauperación. Sólo le acompaña el sonido en arrastre de su *pulka*, cargada de cortes de la infancia:

Ese rumor del relámpago
en el que todo es preludio
y vocación.

37

(ARCÉN DEL *BULLYING* METASANGUÍNEO)

A partir de aquí se extiende la posibilidad de una gran elucubración o hipótesis. Según dicen, existe diferencia en los niveles de ansiedad entre niñas con coeficientes intelectuales altos y aquellas que tienen coeficientes intelectuales bajos. Estas últimas, por ejemplo, marchan al río en días de verano, cuestionando las aptitudes de sus hermanas mayores. *Trala lara larita.* Poderío en el aire. Con este fanatismo se investiga y observa la crueldad. Ignoran que, en este caso particular, una deuda mediana no presente, elevada desde mucho antes de que el sarampión se erradicara en el país de las gargantas del Verdon, las mirará desde un prominentísimo aún sin determinar. Su luz ciclópea, muy de Marvel y del Renacimiento tardío, habrá de precipitarse sobre sus humos juiciosos, advirtiendo del origen de la oscuridad en sangre, entre las ramas batientes de los castaños y la sinfonía feroz de los escuerzos.

esta vasta familia en la que un mismo corazón late bajo diez mil pechos
la vasta empresa de la cual usted no es más que uno de los innumerables elementos
el trust colosal del que usted ya no tiene gran cosa que esperar
la gigantesca organización sin la cual usted ni siquiera existiría

GEORGES PEREC

(ARCÉN)

Os tomará meses resolver el laberinto.

Los expertos suelen trazar una distinción.

Siempre tuvo un don para los monstruos y las lenguas.

Hubo quien fantaseó con la posibilidad de que los pastores, disimuladamente, le reprendieran.

Pero nadie dijo nada.

Ni una palabra.

¿Qué esperabais?

Lo raro sería que la cadena alimentaria fuese justa.

Cuando cae la nieve dentro de una jaula, ninguna región del cuerpo puede permitirse la complacencia.

I am alone now, I am beyond recriminations
Curtains are shut, the furniture is gone
I'm transforming, I'm vibrating, I'm glowing
I'm flying, look at me now
I'm flying, look at me now

NICK CAVE & WARREN ELLIS

En aquel periodo de los tres sietes la gente huía de países como Croacia para abastecerse de aquello que no les dolía.
Se preparaba el ágape de los rasgos y se hablaba del nacimiento de los corales y las redomas.

Yo era muy solícito con los deseos de mi amante.
Yo muy ufana con mis antiguas adicciones.

Rose cuenta que en las prefecturas de Yasunari los asedios del tiempo se desdoblan.
Nada tiene que ver con la física cuántica, sino con la mediocridad de las casillas y la aritmética de las llaves de paso.
¿Por qué no lo haces tú?
Porque persigo la sinuosa línea de la larva.
¿Qué invocarás?
¿Cuál será la excusa?
Lo importante es atender a algunas claves: 1943 (mamá). 1980 (una vaca charolesa). 2008 (decir *vaya con dios*).

Desde entonces hasta ahora los asedios han continuado profiriendo consignas de cuerpo a cuerpo, deslindes más allá de los feriantes de la guerra y los tratados de paz.

Valles incendiados en lo mundano de un pasillo estrecho, demasiado estrecho, por ejemplo aquí ↓

Calle Gobernador, Madrid.

Rue Gros, París.

Kirchengasse, Viena.

Lille Strandstræde, Copenhague.

Viale Oriani, Bolonia.

Todos son lugares en los que has nacido y, por un momento, no puedes creer la importancia de los efectos geométricos en el blindaje póstumo del riesgo.

Todo es una minúscula forzada por la imperfección de los mitos.

Diremos que el lenguaje es la larva de lo que no será pero podrá contarse.

Todo esto se podría bruñir, continuar, en cursiva.

Pero la transformación, sus entornos, requieren un ritual digno de cualquier muda.

Lo compredimos cuando, por ejemplo, agujereó el progenitor, con su *couteau suisse*, aquella caja de zapatos.

Respirar es vital, hijo.

Hazlo como yo.

Así sea.

Y hete aquí el poema.

Maybe curious about my facial scars?

Si yo levanto la voz.
Si yo elevo esta correa.
I'd hammer out love between my brothers and my sisters, ah ah.
Papá, ¿y ese color es normal?
Papá, ¿y ese amarillo que parece un refugio de hilo?
Papá, ¿es una enfermedad o un botón de alerta?
Papá, ¿cuando seas mayor te convertirás en mariposa?

En octubre de 1974 Foreman sucumbe al aguijón de Muhammad.
No hay otra cultura que la popular.
Es común a la inmortalidad desear la sangre un rato.
Pero todo es principio hasta el final doloso.
Y tu amigo no podrá terminar jamás esa novela sobre el perinquén (es sabido).
Aunque exista la animación.
Aunque existan rojo y amarillo, *esos dos gusanos* (es sabido).
Los colores de la bandera no van a comprender por qué hablas sobre la muerte mientras pides que te alcancen la sal, en mitad de una comida de insolación familiar, en la que se menta a los gitanos sin que *este vals* los defienda.
Una relación tóxica te enseñará más que cualquier capítulo de «Érase una vez … la Vida».

Es de nuevo 1968 y, en una calle cercana al Boulevard Saint Germain, mientras mamá escucha invocar a Ho Chi Minh, nadie puede imaginar que, unas pocas décadas más tarde, *su señora* necesitará enfriarse, llenarse de dinero para no volver a ser nunca más lo que fue.

Los colosos como Ali también caen un día, hijo mío.

Si me ves siempre leyendo es porque en tu memoria emocional he de mandar yo.

Aprehender la cita es dar con esta y aquella y aquella salida.

Es primavera.

Hay acordeones y coprófagos.

Los canales de Gante, las callejuelas de Siena o los parques de Palomeras Sureste se visten de fiesta.

Hoy saldremos en las noticias.

Olvídate del sushi & thai.

Hoy iremos a votar.

Las urnas, mucho antes de las nueve de la mañana, están repletas de trasquilones.

Todo lo que salga de ellas volará por los aires.

¿Te imaginas?

Tu abuelo, a pesar de todo, no pasará a la historia por haber estado ocho años en una cárcel de franco, franco, franco.

Papá, ¿por qué le salen antenas al mundo?

Por rojo, hijo, por rojo.

De pronto una chica te pide que viajes con ella a Vietnam.

Ella vive en el barrio de Maurice, Edith y Gustavo (el ensayista farmacéutico).

Te cuenta una historia sobre la eternidad y el pegamento.

Te habla, durante semanas, sobre el bebé que ha perdido.

No sabes cómo pero tienes que ayudarla.

No sabes cómo pero tienes que ayudarte.

Alguien me dice que un feto no es una larva y que una larva no es un feto.

Ese mismo día lees: *I don't need oranges. I need to scream. I need to grab the nearest machine gun.*

¿Por qué no asumir que dejamos de morir en paz, después de todo, el mismo día que comenzamos a entender el sentido último de la vida?

¿Alguna idea para penalizar la estulticia?

La promoción del arte —digamos que escuché por ahí— es el escombro sobre el que se cimentará la gran deserción (vendetta interrumpida en el descanso).

Esto es, por ejemplo:

Si tienes un apellido importante podrían ponerle tu nombre a una curva pronunciada.

Te consentirán cualquier cosa, aunque no tenga forma de herradura.

Se reirán.

Te perdonarán y venderás muchos cuadros, hijo mío.

Tu único apellido importante es el segundo de los dos que no cuentan.

El pequeño Cocó hacía cosas raras con la boca y las manos en las entrevistas y antes de volar.

Tal vez por eso yo necesite acariciar los filos de esta corteza.

Puede ser tu cuerpo o una lámina de estaño.

Puede ser un abedul o una fuente de alimentación silenciosa.

Ah, no sirve de nada contentarse con los ritmos que invocan a la muerte por sus podres.

Entonces, ¿qué seremos tú y yo?

Lo importante es prestar atención a algunas claves.

Tal vez un verano en Siam.

When we go through many changes.

Esa mirada *declamante de la suma.*

El carro con dosel.

Aquel metro amarillo de costura que dejaste encima de la mesa y que nunca confesé haberme guardado.

Abracé la oposición del pecho,

como si el acto de pensar en *nosotros* hubiera decidido,

por fin,

desprenderse de lo estrictamente propio.

Abracé la amenaza.

Abracé las luces rojas, resbalando en lento decaer, entre el dedo índice y el páncreas anular.

Abandono, vejez, invención asistida. Lo congénito en la fe. Lo mismo da.

Todo sepulcro puede ser también un hangar sobre el que disponer un pícnic.

Abracé la oposición del nicho más allá de la escápula.

Ese ruido tumefacto del pajarillo exhausto que lo habita.

Me detengo frente a un cuadro.

El cuadro es una navaja entreabierta.

Si la pintora hubiera decidido abrir más la navaja ese cuadro también seguiría siendo nuestra vida.

Antes, no existían servicios especializados de limpieza.

Las madres limpiaban los restos de sangre cuando sus hijos o sus yernos decidían volarse la cabeza en la casa de campo familiar.

Estamos en 1877 o en 1908, en el caserío de algún lugar del País Vasco.

Es verano.

Las moscas están de celebración.

INTERIOR/DIA.

Las madres se dejaban las uñas para que de aquellos muros salieran los restos de plasma y de cochambre.

Lo hacían mientras el gramófono emitía melodías antiguas e ininteligibles.

Alguien tuvo que aprender sobre la marcha a hacerse cargo de la sombra.

Y cuando la aguja de diamante se partió por la mitad, construyó una de cristal con la que, sin querer, se acabó cortando.

Casa que olía a azufre, colisión de opiniones, una abolición (otra) provocada por la fuerza.

Existen diferentes maneras de enfrentar una ruptura: parapetarse en el interior del arco de inseguridad, renegar de cualquier atisbo de lance en el espacio o ir dejando, mordisco a mordisco, holgura para *la inquietante extrañeza.*

Un padre llora como sólo un padre puede llorar: volcado hacia la evanescencia, preguntándose en silencio cómo y cuándo comenzó su propio proceso de desaparición.

En 1993 una familia de seis miembros decide no volver jamás a *la casa de la madre de la madre.*

Los hermanos de ella eran sus hermanos.

Podría imaginar que la música, en este caso, también, es de Nino Rota.

La consecuencia de todo aquello y todo esto consistirá siempre en acabar con la atención de lo que permanece.

En Madrid o en Teherán la verdad se esconderá entre un montón de cartas.

El filo del *qué dirán* se encuentra ya en la orofaringe y ha penetrado en el seno frontal.

En su búsqueda inacabada por clavar el enésimo ejercicio fatídico, el conjuro del poder, de todo poder, juega a olvidar dónde ha dejado las llaves y el valor de los cuidados extensivos.

Aquí la servidumbre, la esclavitud, Lévi-Strauss, Jim Henson, el núcleo formativo por excelencia.

Hoy, mismo mes del año más parecido a un parking concertado, escribo esto en un cuarto de cinco por dos.

El resultado me lleva a la mitad del último capítulo que te pasé cuando nos conocimos: *Krótki film o zabijaniu. No matarás.*

El undécimo arcano mayor equilibra el aire y libra una contienda de absolución.

Chateau de Garches. Primavera de 1968.

Reclamo afectivo contra llamado imperativo.

Desearíamos, en algún momento, no haber traspasado el cuello para ver estas quitas.

Ochocientos veintidós pasos de punta a punta.

El miedo no es únicamente propiedad de la obediencia, pero se le parece.

Tengo que hacer un rosario con tus dientes de marfil.

He aquí la oscuridad de un campo de algodón, de agramante o de exterminio.

Desde el portón de entrada hasta los pabellones donde se encuentran los internos.

Llamaban «Horloge» al anexo vigilado de los que debían ser ocultos.

Sus pisadas extenuando la vereda hecha de gravilla.

El único desplazamiento válido de significado, el único apóstol que no murió para ser mártir, el único género musical que no es bueno según Rossini, el único tipo de epitelio, el único fruto del amor.

Una mañana, frente a un espejo de pared, alargado como la sombra de un álamo, mientras ayudaba a una de ellas a vestirse: *Manuel, viniendo usted de donde viene, ¿qué puede contarme sobre El Tártaro?*

49

Una pareja joven cruza la frontera.

Ejemplo de la enajenación social de un limbo a la deriva.

Efecto de la botánica demudada.

Cacofonía rohingya.

Cacofonía siria, sudanesa, congoleña.

Anticipo cinematográfico de la inconsciencia.

Como la pesca de arrastre.

Ciento cuarenta y tres días después es noche cerrada y, al salir de la estación, camino de la *clinique du château*, el silencio invoca cierta música interior.

Los lobos atacan a ciegas.

Alimentan su hambre y el ciclo se perpetra hasta hoy.

Indiscriminadamente es una palabra llana de ocho sílabas.

Les advierto no aguantar la respiración tratando de imitarme porque convivirán con la historia de gente ociosa y sin escrúpulos.

Asisten al advenimiento del monstruo que engulle adoquines huecos.

El anís del mono es el ansiolítico de las novicias y la adicción confesable de las madres superioras.

Les persigue una lancha con la luna teñida.

Se salvan de ser torturados como Junko Furuta.

No saben que el futuro es una trampa.

La raza criada en la explotación está lejos de desaparecer.

La presente copia se debate entre el innatismo moral y sus vanas aplicaciones en relación al tráfico de órganos.

Ella tiene un aborto años después.

Él desarrolla un trastorno obsesivo, silenciado por el éxito de ventas de la multinacional finlandesa para la que trabaja.

Por entonces, nadie se atreve a ponerle nombre a las curas de reposo, a los corderos degollados o a sus víctimas.

Dan a luz cuatro veces más.

La luz a veces también se amorata.

Atardeceres de tonos violeta que nada tienen que ver con la belleza oculta de los hipódromos o las habitaciones del personal de servicio.

Así llegué yo: siempre supe que en las estrías del muro, entre los restos de estropajo, tras el armario que arrastró la crin de la bestia, se escondía la estela que muda con la muerte.

Ahora que la madre de la madre ya no está, deberíamos transigir algunas consideraciones sobre su rol en nuestras vidas. Ahora que su casa es un desierto abocado a la (des)distancia y al hallazgo accidental de una escama de pelo en la cabecera o riñonera del sofá, es tiempo, quizá, de ordenar las pesquisas.

No recuerdo si era ella quien lo decía: *Piensa mal y acertarás. Vergajo. Mujer con bigote su casa saca a flote. Empezar mal es tener la mitad hecha.*

Ella también bebía matalahúva. Ella también bebía la sangre de *cristonuestroseñor* con cada comida y después, siempre siempre, sin excepción, una copita de algo parecido a coñac. Y besaba a sus nietos agarrándoles con fuerza de las mejillas, inmovilizando cualquier posibilidad de reacción al gesto. Y decía que el firme era una extensión de sus zapatos. Y abusaba de adjetivos como *casquivana* o *calamocano*. O se inventaba palabras como *casasola* (refiriéndose al hijo menor de *sus pies y sus mano*[14]). Y, con frecuencia, honraba su insociabilidad determinando que aquel o aquella eran, por supuesto, *montones de humo.*

---

14 Expresión que, no muy a menudo, utilizaba la madre de la madre para referirse a la mayor.

Alguien, más allá de la función semántica y trágica de los corrillos reincidentes (cumpleaños, bodas, días de campo, francachelas), aprovechaba para verter las siguientes conclusiones: saliva altamente modificada, taipanes del interior, hocicudas de Gredos, *vipera latastei abulensis*.

Marzo del año parecido al páramo ártico de un calendario. 6.22 de la mañana. La madre de la madre está tumbada en una cama de hospital. Los músculos de su cara obvian el tacto invasivo del respirador. Ignora por qué nadie —sangre de su sangre— permanece cerca.

Ignora si alguien atenderá a su última voluntad: irse al otro lado bien limpia.

los astros como el cerebro
gobiernan todo lo que puede
destruirse
MARÍA BELEÑA

En el cerebro comienza a imponerse la gran quema.

Al principio del principio, cuando una parte es ignorante de sus efectos correlativos, es imperceptible.

Sólo el tiempo construye la certeza de que algo está sucediendo.

Despacio, muy despacio, sin pausa, poco a poco.

Aprisa o pronto pudieran ser aquí títulos de una variación musical, siempre creciente, precursora del silencio que hace emerger la hojarasca en el globo pálido.

Cualquier movimiento, propagación, vapor, *alterdesbarajuste* en la apariencia, cualquier cambio en la posición del arma o de la cara, cualquier atisbo de rigidez muscular, marcador microscópico, masa celular de Lewy, comienza a desprender su particular estructura de acopio, el *cocktail* que habrá de transformar a una persona en sombra de lo que nunca tuvo oportunidad de ser.

Cuando mueran o aún vivan estos trescientos sesenta y seis, más allá de aquello que es más de lo que íntimamente alcanzamos, paso sobre piedra, hombro con hombro –a veces también riendo– es posible que vuelva a reconocer *mis pies y mis manos*, con razón ahora más tuyas, más tuyas que nunca.

Ya nadie podrá decir que eres lo que menos fuiste: mero reflejo y aguadora.

54

Nadie pierde todo de una vez.
La pérdida tiene que extenderse un poco en el tiempo.

MAITE MARTÍ VALLEJO

Septiembre de 2020. Tilo de la Mano.

No hablamos de la fotografía, sino de la maternidad que brota y se extingue desde el origen.

Asumimos, así, abundancia en el empeño del mal.

Satisfechos de verter quintales de prosa interna en las dimensiones de un espejo joyero.

Una enfermedad plena en su afán destructivo.

Un proceso de coerción que, en su descuaje, ocuparon carrizos y otras malezas.

Una subfamilia que no rinde tributo al lenguaje en el que se agotaban los vivos cuando aún se asumían vivos.

No reconocerla. Sentir, sin embargo, la recopilación de datos para la euforia.

Y claudicar ante la imaginaria de todos los muertos del mundo.

Suena entonces una melodía que bien podría atribuirse al escalpelo cinematográfico: vapor ascendente, de invierno, elevándose desde la arcilla que oculta lo profundo.

Asciende por las faldas y la grasa está caliente.

Ochocientas setenta y cinco mil pequeñas expiraciones.

Corafrío sagaz, hogar de las serpientes y de las avispas, el perdón en la televisión británica, el enésimo agujero sobre la mesa de autopsias.

¿Es esta otra fórmula posible del desarraigo?

El extirparse la raíz del sicomoro.

Enumeremos:

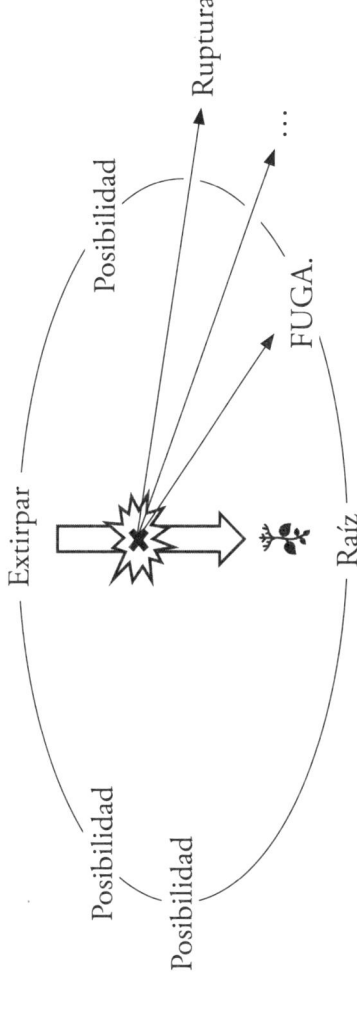

En este esquema centrífugo, la lógica de vuelco y la necesidad de cuidado se unen a la zozobra de la tinta. Esto es:

Stricto sensu, ejercer la ruptura con la mímesis.

No escribir produce contractura y neuropatía.

Escribir produce contractura y neuropatía.

Si te alejas, no soportaré la trampa del destello que precede a la comunidad de una especie.

Para seguir con vida, es conveniente acertar con las dosis.

Este desollamiento paulatino, desde luego, omite la voluntad de algunos sentidos.

Lo dicen los astros y esas cartas del revés: a pesar de la ausencia de tacto, nos gustamos.

No le temas al electromiograma.

Debemos —dicen Murcof y Rose, casi al unísono— inventar nuevos antitérminos para atribuirle volumen a este *impasse* en el que las cosas que ya perdimos y vamos (des)asumiendo se traducen, más allá de los libros, en presencias que no necesitan morir para colmarnos de duelo.

En la intención y en la práctica: Desbrozar por arrancar. Descombrar por extinguir.

(ARCÉN PARA LOS ATEOS)

Invocar a nuestros muertos para que nos salven de la vida.

El mediante es un camino domesticado alrededor del octavo milenio antes de cristo.

El tránsito desborda una escala heredada de filaterías y desafíos gravitatorios.

Se lleva a cabo con talismanes, volutas ásperas en boca (propias del Neobarroco): algunos cortes antiguos, varias fotografías, un pañuelo de ocho años, un mechero de Fakta, un diente de tiburón duende, un rosario negro bendecido en Padua (regalo de), aquel rey de copas con pose de asedio basal, su carta de amor, el ticket de dos plantas de interior compradas en el distrito de Vöcklabruck, la *preghiera* de la *nonna* Fernanda:

Oggi veniamo a te segnati dalle sofferenze di quest'epoca meravigliosa e drammatica.[15]

Veniamo qui a respirare la pace che soltanto la madre può dare ai suoi figli.[16]

Veniamo qui a cercare la fiducia che soltanto un cuore possiede e riesce a trasmettere.[17]

---

15 *Hoy venimos a ti marcados por los sufrimientos de esta época maravillosa y dramática.*
16 *Venimos aquí a respirar la paz que sólo la madre puede dar a sus hijos.*
17 *Venimos aquí a buscar la confianza que sólo un corazón posee y logra transmitir.*

Otoño de 2020. Faldas de gneis y granito.

Mi sistema inmunitario ataca y destruye, por enésima vez, tejido corporal sano.

Si vienes, ya no serás testigo del desastre en primera persona.

Sueño con un gran animal heráldico de color blanco

                                                                 roto como las fugas de mi espalda.

En la escena final, echa a volar calle arriba en un pueblo que no es aquel y que trasciende la estructura, en tres
actos, de este gran prolapso.

Se complican los trámites de empadronamiento y, en urgencias, un ventanal de la sala de espera permanece abierto.

Para mi sorpresa, paso un primer test de visión a pesar de la hemorragia.

Minutos después, el ciclopentolato confabula para que este mismo ojo no responda a los estímulos de la luz.

Sin querer, mientras reposo frente y barbilla sobre la lámpara de hendidura, destellos azules y amarillos se infiltran
en el lóbulo temporal:

Jean Dominique Bauby,

mi sobrino de diez años,

mi sobrina de nueve,

capítulos rodeados de lígulas,

ramilletes de espiga dorada y verde,

el último beso que di a la mayor,

el gato tullido de Cerdeña,

San Cosme y San Damián (calle),

las manos de la cáscara sagrada.

Un día sucedió que, para reprimir la amenaza de los seres sobrenaturales, decidieron invocar el concierto de un verbo hasta el momento desconocido.

Te diré dónde está si resuelves estos tres períodos comunes.

El mundo antiguo y los cazadores nómadas pronunciaban su última sílaba con soltura.

No hizo falta trasladarse hasta el extremo sur del Golfo de Oristano para imaginar los restos del tiempo en que nació la mancha.

Algunos padres aporrean el lenguaje para provocar una discusión acerca de la impredecibilidad de la muerte en accidentes de tráfico.

Este evento, asociado a la nebulosa del águila, puede ser formal, casual o semicabrón.

Desde luego, se trata de un caso de infanticidio pero no es asunto para el servicio de documentación exterior y de contraespionaje.

A los quince años se comienza a predicar o a entender que ni la voluntad ni la brujería son la respuesta.

Centellas, rayos, cuentos, mentiras cuando sostienes esa elevación de la intensidad y declamas un corazón salvaje, sosteniéndolo en la mano.

De ahí esta querencia a las degradaciones de color, los crucifijos o los antidotarios.

Hubiera sido un detalle que alguien, para la ocasión, buscara una cita sobre el sacrificio que dejara en mal lugar a la de Gotarrendura. Ofrecer así, en ceremonia ritual, el resto de una vida para dar sentido a tantas otras. Llegar a viejas, desatar una gran crisis por el reparto del juicio y del cariño.

(ARCÉN)

Barrio de Carabanchel. 1987.

A esta hora, los años son capaces de compensar la degradación del papel fotográfico.

El tiempo no se moja aquí como en la vida de los otros.

Tal vez, además, no hayamos transigido lo suficiente a su paso.

Resuelvo inventar una palabra para deshacer el nudo de terneza que a veces insiste en revelarse.

Verdeocres, por ejemplo.

Decir: con afán de refugio y líneas de cal, me venzo sobre los primeros *verdeocres* de la tierra.

He sentido, por este otro hermano, ese advenedizo de páramo que, a menudo, se cierne entre latitudes antípodas.

Nadie sabe por qué el acto variable de la evolución, a veces, contribuye al arraigo de la frialdad.

Una familia, en algún momento impreciso, ha de ser algo así como una planicie extraña sobre la que se extiende un fuego de silencio con neblina.

Aquellos primeros *verdeocres* de la tierra se asemejan al negro, irreparable, del que hoy abuso cuando pinto.

Non servono tranquillanti o terapie
Ci vuole un'altra vita
FRANCO BATTIATO

Se nos suele hacer de noche.

Dos corzos se cruzan a mitad de camino, pero no es suficiente.

Tampoco el agua declarándose en semicascada.

La manta sobre el pico.

Ahora los arces, las hayas y las setas.

Un muro de roca ígnea en paradero reconocible.

La solidez del estímulo.

Deje a Emerson llevar la conversación.

Insuficiencia de personal, insuficiencia de fondos, pixelada.

Yo pensé que el entusiasmo reformador menguaría.

Que la indocilidad era esencial para reconocer cualquier amago de inhabilitación.

Yo quise querer que el resto haría el resto, pero las termitas envían señales químicas y, entre todas, acumulan barro a mordiscos.

(ARCÉN)

Hablemos de toda esta gente.

Peñascos, linternas de cabeza, nichos, betabloqueantes, respiración diafragmática.

El contagio, por medios artificiales, de la desidia.

Hablemos del vicio y abuso de adjetivos, de la reincidencia y del estado de la banquisa.

El movimiento, este movimiento, consiste en extenuarse y conocer los secretos de la buena orientación.

Correr, por ejemplo, desde Eleusis hasta el Monte Partenio, pasando por el canal de Corinto.

Aprender a defenderse. Transigir con la cultura de la muerte.

La asimilación para y por la producción no es un cuento de Perrault.

A menudo, en la sangre de las pistas, una estufa recibe atributos humanos.

Se eleva a su ápice y nos agita.

La cabra atada al poste, la hierba mala del refrán o el *Northern Soul* sin dexedrina podrían ahuyentar a los espíritus malignos.

Podrían.

El pensamiento salvaje es una especie común europea, carne de glorieta y de pulgón.

Doscerodosuno suplente. Doscerodosuno suplenteredentor. ERROR NOT FOUND.

El *Major Tom* se obsesiona, de pronto, con una obra de Lagarce.

Apenas el fin del mundo.

La misma medicación, durante generaciones, ha conservado los techos, los comederos originales de ese grupo taxonómico inferior a la clase y el orden.

Sumerja el extremo absorbente en la orina.

Mantenga la tensión apuntando hacia abajo durante, al menos, quince o veinte segundos.

Procure que el resto del dispositivo no se moje.

La enumeración de estas oraciones gráficas acarreará el absentismo de cualquier *canhombre*.

La discusión en torno a Júpiter tiene lugar entre sus miedos.

Coloque de nuevo el capuchón.

La varilla se gira hasta que queda en posición horizontal.

Esperar, entonces, entre uno y tres minutos.

A menudo, la soledad se define como angustia subjetiva.

Vienen al caso, por ejemplo, la enormidad de *La valquiria* o de las defensas soviéticas.

Este intervalo podría incluir opresión en los trapecios y visiones alejadas del ordinario *statu quo*.

Lea los resultados.

Cuando dos rayas chocan en el aire provocan un gran estruendo.

No puedo abrir esa caja.

No puedo abrir esa caja pero está llena de retentiva y deseo.

El folleto de instrucciones le dirá los pasos a seguir.

El folleto de instrucciones le explicará el ocaso de los socialismos reales y la crisis de la izquierda tradicional.

No piense en Polonia. Piense en cualquier pueblo de por aquí en 1978.

De repente, una gran llamarada en las eras de Fuendetodos.

Piense en el viaje a cualquier suburbio de Londres, en penas de cárcel, en clandestinidad.

No se fíe de google. La traición es el cultivo de la memoria.

Elija o no elija una clínica concertada con la administración.

En la recepción, Yolande o una chica a la que llaman «la rubita», no le advertirán, pero la intervención puede complicarse cuando la matriz tiene alguna anomalía estructural.

Los coágulos y el dolor –no exactamente como en las noches de acetilcolina– serán abundantes.

He venido sola.

2 / Página 33: Podéis cantarle y llorar, llorar, llorar. En absoluto estoy diciendo que la diferencia entre tener y no tener pueda provocar la ira de James Parkinson o cualquier banda de recobros. En absoluto estoy diciendo que la diferencia entre comer o no comer deba interpelaros por la memoria de vuestras abuelas, tías, madres o ancestros africanos en su camino hacia Eurasia.

5 / Páginas 18, 28 y 29 (por ejemplo): Allí donde comienza la hegemonía de las ratas. Allí donde los vampiros nunca pasan de moda. Su agua es malísima, no así su pan y sus mercados.

6/ Página 24: La que abandona + la abandonada.

7/ Página 50: Campo de refugiados más grande del mundo, superando en población a la ciudad de las siete colinas o a la capital de Dinamarca.

10/ Páginas 22, 39 y 43 (digamos): La noche. La nieve dentro de una jaula. Un coloso tras otro.

11/ Página 65: Cualquier prueba capaz de soliviantar la calidad de sus valores familiares. Dependiendo del resultado, su mascota podría elevarse hasta más allá del techo. Atrévase a decir que la secuencia debiera repetirse.

13 / Página 42: *Float like a butterfly, sting like a bee. Ohhhh. Rumble, young man, rumble.*

14 / Página 48: Artífice de milagros y, en el imaginario de la llama azul, compositor de una banda sonora para uno o varios libros de Kristeva. *Quebrada* es su cognombre.

15 / Páginas 20 y 36 (entre otras): Guardianas psicotrópicas de la paz social. A veces no ayudan cuando existe la posibilidad de delirium. Su conchabe con otras primas hermanas, a esa hora en la que se suele clamar –entre tics motores– por un rol como jugador apto o poderoso, puede atraer lo que para muchos es el final de los finales.

19 / Página 62: El regalo, el don de Carver. En su lugar dije terneza.

20: Suerte de categoría o distinción que consiste en abonar el silencio de enigmas, no dar puntada sin hilo o abandonar cualquier lugar dejando un rastro como de *colli bolognesi*. En ocasiones, también, suele confundirse con elevar el arte de la imitación a epítome vital. Trasciende, por supuesto, el azar de no tener dinero o entender de calles, joyas o micelios de fructificación. Algunos tíos con nombre de profeta, a pesar de los pesares de la lana de vicuña o de la seda, jamás sabrán de qué va.

22 / Página 52: Murrio, embriagado. En el mundo de ficción de un nieto, ensenada pequeña de nombre similar al gentilicio de una ciudad portuaria conocida por haber sido el mayor mercado de café entre dos siglos XV y XVII.

24: Provincia *albergaumbrales*, rica en bancal y piorno. Se guarece tras la sombra alargada de una santa santísima, entre moles graníticas de nidificación y una carne púrpura, ligeramente húmeda, de textura delicada.

26 / Página 23: Tan poderosa que ningún rigor mental ejercido en su contra le impide ser capital de la corrosión con acrimonia. Véanse *los ojos cosidos con alambre de hierro* o el registro más tempranc de fratricidio.

27 / Página 59: Roca pizarrosa que emite un resplandor al percutirse.

28 / Página 65: Pueblo natal del saturnino que mejor retrató la decadencia en tonos poco reversibles.

29 / Página 56: La cuadrada no puede ser negativa. Parte oculta de una historia que crece, como las moscas a la miel, hacia el interior de la tierra.

30 / Página 63: El cérvido más pequeño de Eurasia. De cuando en cuando, osa agitar las faldas de un monte encantado, saltando atajos por los que, algunos muertos, suelen pasear su hartura.

31 / Página 34: Nombre de pila del *gastarbeiter* (trabajador invitado) un millón.

Pose de franjas VERTICALES en colores blanco y púrpura. Diciembre de los puños como carnada de pesca.

1 / Páginas 21 y 22: Título de la película que evocará cinco susurros más o menos multitudinarios. Kunisada, Millet o Abbott la entonaron en sus cuadros.

3 / Página 25: No la encontrarás en ningún diccionario. Sin cánones ni santidades, elevar algo o a alguien a los altares.

4: Sensibilidad excesiva y muy dolorosa.

5 / Página 37: Especie de trineo que, en un norte a medio perder y sin determinar, puede ser utilizado por la res humana para explorar los confines de la temeridad, la belleza, la extenuación.

8 / Página 56: Corrupción de la raíz del sicomoro (o del redil o de la prole). Cuando se experimenta: hete aquí el ascenso del primer dolor de la orfandad. Más allá del círculo natal en asedio pueden surgir, también, en el mejor de los casos, cantos de ruptura y fuga.

9 / Páginas 26, 33, 49: Lugar donde suele funcionar la ley del hielo y se aplaca a los que ven al tigre en su hábitat natural. En sus estancias, rara vez encontrarás diseño escandinavo. A veces, por ejemplo, un castillo más allá del inframundo, hecho sólo de mazmorras.

12 / Página 57: Se llama pérdida a su antesala. Sin rito en honor al difunto, en el año parecido a una deflagración masiva de conchas, el modelo de Klüber-Ross se queda quieto, escondido tras una verja a través de la cual aún se vislumbra, sin enigmas, el nacimiento de otra oración. La ausencia de velas con fotografía, puede provocar fasciculaciones y atrofia.

16: Su falta o reparto desigual puede provocar toda malandanza de grietas y efectos adversos permanentes.

17 / Página 62: El 13 de mayo de 1373, a los treinta años y a las puertas de la extinción, recibe dieciséis revelaciones de amor divino. Corte teológico-culinario de talante optimista. Aquí la fe se transmite por el aire y mata y renace en cuestión de días.

18 / Página 64: Se cuela y crece en este jardín, que es un lugar con tres o veintisiete hocicos y arrestos regulares. Resistente a los ciclones de Saturno y rival de las manchas de la esmeralda.

20: Sopas con un origen asociado a la pobre necesidad. Media hogaza de pan. Cuatro dientes de ajo. Medio litro de leche. Dos cucharadas grandes de pimentón dulce. Dos huevos. Tres vasos de agua. Aceite (o manteca de cerdo) y sal.

21 / Página 23: Movimiento especial y defensivo que recuerda a un acto de supervivencia darwinista. Ya implique uno o dos escaques, en cualquier casa, su ejecución obstruye la mecánica posible de las redes. *Habla chucho que no te escucho.*

23: Nombre del dios creador del *Tintinnabuli.*

25 / Página 53: Apelativo de uso frecuente en los sinnúmeros ibéricos. Hasta setentaicinco centímetros de *zigzag* potencialmente venenoso. Déjenla ir en paz, retrocedan cuatro o cinco lustros y, a continuación, sigan con la previsible mascarada.

26 / Página 23: Nace en Cantabria y muere en Cataluña. Memoria no volátil: cuando se pierde una guerra, estructura en arrastre que vaga a perpetuidad.

27 / Página 19: Se envían y reciben ungidos en ignorancia, omitiendo la carne empleada durante el sacrificio. En los días de lluvia, me pregunto cuán (a)efectiva era la espera. Rodeo singular.

La solución es el resultado en movimiento de una serie de mínimas variaciones. Su transferencia incluye una lista de costuras que, a su vez, han de relacionarse con la topografía, la calidad del sustrato o los cuellos de botella.

Bosque de La Herrería. Invierno de 202x.

Ella, sin saberlo, cantaba *Ev'ry time we say goodbye.*

Al llegar a la cuarta línea, cuando el aire intercede sin saber cuánto le queda al mundo, reformula:

YOU wonder why a little

A estas alturas, la planta de la fortaleza es irregular pero sólida.

Si su luz se alargara, lo celebraríamos con un *tanto mejor* + platito de gallinejas.

Ah, pero algunas partidas no son sólo análogas a las cosas de comer.

Se crean.

Agitan *recto verso.*

Y destruyen lo que la voz no pudo nunca.

Los dientes de la cabeza haciendo ese gesto insoportable.

Jugar a saltar dubles o, llanamente, abdicar.

Que la sangre no apuntara al río por aquella paga semanal, perdida entre salto y salto.

Una asunción, en su osadía, mil alardes en boca después, pocas veces coincide con la parte de verdad que, por cinismo, se le roba a toda historia.

AGRADECIMIENTOS

Como decía, este libro comenzó a escribirse antes de saber escribirse. Bolaño en *Amberes* dijo «para los fantasmas» y aquí hay un casi que se le asemeja, sobre todo desde un cuarto compartido de Vallecas, asomado a una ventana con barrote, a veces en estado convaleciente, de embriaguez o de alarma, siempre ignorante pero rodeado —eso sí— de madre, padre, hermanxs, parejas de hermanxs, animales. Este libro no existiría sin su polémica, sin su apoyo tantas veces incondicional y condicionado por el misterio, la conciencia de clase, el esoterismo, el movimiento de las mareas, el silencio con vocación de asalto y las voces múltiples de que cada cual. No obstante, este libro, como el que vendrá después, es sobre todo de y para la única persona que despertó en mí esas otras presencias que se esconden y nos persiguen desde la cardinalidad de las historias: mi madre.

De igual manera, STPPUP no puede sino agradecer los pasos, presencias y saltos de mi abuelo Santiago y mi abuela Primi, pero también de mi tía Sabina, a la que miro y con la que converso a menudo, a través de una fotografía, justo antes de dormir. Por fidelidad espaciotemporal también habría que agradecer este libro a la supramemoria construida en compañía de algunxs tíxs y primxshermanxs, al abuelo paterno, Enri, desde la puerta de una casa en Antigua, Fuerteventura.

Hay una persona clave no sólo en la construcción de este libro sino también en la supervivencia de su autor. Gracias a Jokin por recogerme, por acogerme en Lavapiés y en Viena, por ponerme un escritorio entre Umbría y el Lazio, por ser sustento de todo en los momentos en los que, desde luego, aún creo que no puedo casi nada.

En otra dimensión, STPPUP comenzó realmente a construirse y aprehender, en modo más consciente (a la par que desintoxicado), en las salas de la Biblioteca Real de Dinamarca, también conocida como Black Diamond, en Copenhague. Gracias Ditte por pedirme fuego y compartir el camino durante más de dos años.

STPPUP está profundamente marcado por la experiencia compartida, a veces fulgurante y otras silenciosa, a la que me atreví en muchos otros lugares que evoca u omite el devenir de su relato: Roma, Florencia, Siena, Padua, Pordenone o San Gimignano (con Marta, Walter, Adriano, Roberto y la nona Fernanda); siempre Zocca, Bolonia, Pietrasanta, Riccione, Sirolo o Livigno (con Rita, pero también con la familia Guarnieri-Farné y un fantasma de verdad y una poltrona y un póster de El Prado y la Via Santo Stefano y el aeropuerto de TODAS las bifurcaciones); Zagreb (con Natasha, Vesna, el mercado de Jarun y un gran rumor de fotografías y cuadros); Carabanchel (con Ana, Carmen y aquel aprendizaje y aquella terraza); París, Bretaña, Normandía, Picardía o Isla de Ré (con Cristina, Philippe o Delphine); Viena o Attersee (con Barbara, Martin, Gaby, Günter, Linda, Horst, Gordian, Silvia, Dagmar, Rose y Jokin); Nyhavn y Brøndby (con Ditte, Betty y Arne); Vejle (también Ditte, Helle, Jan, Camilla, William y Julia); Cerdeña (con Deb); La Aparecida; Split; Calviá (de nuevo con Deb, pero además con Carmen y Rafa); Sa Calobra y Bunyola (con Paula); Vallecas, Sierra de Gredos, Murcia, Los Belones, Calblanque, Cabo de Palos (en familia + Perico, Mariano y Maru); San Lorenzo de El Escorial (con María, Marlee, Dari y un poco con Vanessa); San Juan de Luz + Ziburu (con Jon y Rose); Ámsterdam, Isla de Texel, Málaga y Getafe (con Laura); Santa Cruz del Valle; Candeleda; Benasque; Lavapiés, Lubriano, Civita di Bagnoregio, Bolsena (oh, Jokin); Antigua, Tuineje, La Lajita, El Cotillo, La Graciosa, Tefía, Pozo Negro, Pájara, Cofete o Corralejo (con Marta, Juan David, Lupe, Santi, Juanma, Elena, Xavi y +); Brighton (con Emily); Oporto (una última vez con Ditte); Playa de Oliva; Elche de la Sierra; Varsovia (con Aga); Marrakech; Fez; Uarzazate.

Sin la paciencia, sin la complicidad, sin las lecturas preliminares (aún en construcción) + la ultrapresencia poliédrica de María Beleña, sin la atenta mirada poética y vital, introspectiva, resistente y totémica de Marlee, sin ninguno de los dos, juntxs o por separado, este libro y el que vendrá, no existirían. Porque ningún día repite canción.

Gracias a Helena Mariño, Enri La Forêt, Maite Martí Vallejo y Leticia Delgado, antes o después, por ser mucho más que compañerxs en Thalamus, por animarme, leerme o acompañar, por estar siempre cerca.

Gracias a Aníbal Cristobo por su amistad, por ser una de las primeras personas que respondió con entusiasmo, interés y alientos a la poslectura de STPPUP.

Gracias Inés Gallo de Urioste aka Lolita Copacabana por su generosidad con lo de *GAW*.

Gracias a Jon Markotegui, Rosetta Kedzierski y David Álvarez por leer las primeras versiones de STPPUP y compartir matices que más tarde dieron lugar a su evolución.

Gracias siempre a Juan David, Tita y a toda la familia Matoso.

Gracias a Álex Céspedes, Sara Del Rey, Sharon Alviz, Marina Ho, Teresa Juan, Ana Cañas, Diego de Miguel y Jorge Aznar por rescatarme y acompañar durante las crisis que ellas saben.

Gracias al doctor Orejas.

Gracias a Carlos Bueno Vera por las conversaciones y la confianza.

Gracias a David Trashumante, por su generosidad en la lectura e implicación en el después. Por creer, antes que la mayoría, que había que publicar este libro y que el intento bien merecía sus esfuerzos.

Gracias a Cole Porter y a Ella Fitzgerald por *Ev'ry time we say goodbye*.

Y gracias, por supuesto, a mi editor por creer que STPPUP merecía formar parte de la distintiva poética editorial de La uÑa RoTa, por su confianza contracorriente y contra los elementos, por sus visiones y capacidad de brega, siempre asombrosas.

NOTAS

(cosas que no hay por qué saber)

La asamblea de majaras ha decidido. Mañana sol y buen tiempo son dos líneas de la canción *Don Vito y la revuelta en el frenopático* de Kortatu (Oihuka, 1985).

Michelangelo de Ferrara es, claro, Michelangelo Antonioni.

Et découvrir des fleurs qui n'avaient pas nom es un verso que pertenece a la canción *Il y avait un jardín* de Georges Moustaki (Polydor Records, 1972).

En el campo se cría la mejorana aún se imagina casi siempre en verano, desde el interior de un coche rojo de tercera mano y está extraída de una copla tradicional de Murcia. (Cantares murcianos. Diario de Murcia. 22 de junio de 1879, p. 4).

Vengan a ver lo que no quieren ver es una línea extraída de la canción *Vengan a ver (Vallecas 75)* de Luis Pastor, editada por el sello Movieplay en 1977.

Padre, yo quiero subir aunque me caiga al bajar se canta en las rondas de El Arenal sin necesidad de que se case nadie.

Mi traducción favorita/elegida de *If I felt completely pressureless I don't think I would have gone in this pattern* es: *Si no me hubiera sentido tan presionado, dudo que hubiera sufrido este trastorno.* (PBS Interview with John Nash: The Downward Spiral. 2002).

La cita de Anne Carson pertenece a *The beauty of the husband: a fictional essay in 29 tangos* (Alfred A Knopf, 2001).

La cita de Karen Brodine está extraída de su libro *Woman sitting at the machine, thinking* (Red Letter Press, 1990).

El oso de trapo que amaba a una diosa es una línea extraída de una de las canciones favoritas de la doble M familiar: *A París* de Carlos Cano (CBS, 1985).

La apertura Benoni, en ajedrez, es un tipo de defensa agresiva, dinámica, compleja.

La cita de George Perec está construida a partir de varias frases pertenecientes al libro *El aumento*, seguido de *El arte de abordar a su jefe de servicio para pedirle un aumento* publicado por La Uña Rota en noviembre de 2009.

La cita de Nick Cave & Warren Ellis pertenece a la canción *Jubilee Street* (Bad Seed Ltd., 2013).

I'd hammer out love between my brothers and my sisters, con toda su ironía, es un verso de *If I had a hammer* de Pete Seeger y Lee Hays (Hootenanny Records, 1950).

Este vals se cantó en inglés gracias a Leonard Cohen y se pensó en español por Federico García Lorca.

Escuché *I don't need oranges. I need to scream. I need to grab the nearest machine gun* en *The Handmaid's Tale* (Hulu, 2017).

Verano en Siam es la traducción de una canción muy estelar de The Pogues.

La Suma alude a La Sacerdotisa, segundo arcano mayor del tarot, siempre apareciendo y desapareciendo, entre la luz y la oscuridad.

La inquietante extrañeza debía aparecer a propósito de Julia Kristeva y Sigmund Freud. Ambos por una cuestión de familiaridad: una tiene que ver con las investigaciones de una expareja, otra con esa especie de reaparición de un pasado reprimido que, desconcertantemente, se manifiesta durante una travesía en altura = escritura de un libro.

Krótki film o zabijaniu, en español *No matarás*, es el quinto episodio de «El Decálogo» de Krzysztof Kieslowski.

Tengo que hacer un rosario con tus dientes de marfil pertenece a la canción *El emigrante* (Belter, 1967) de Juanito Valderrama.

El Tártaro, en la mitología griega, es una región del inframundo. Lugar de tormento y reclusión eterna.

Todo lo que necesitáis saber sobre Junko Furuta está en Wikipedia.

La cita de Bonnie «Prince» Billy está extraída de su canción *I will be born again* (Palace Records, 2013).

La cita de María Beleña pertenece a su libro *cáscara* (Luces de Gálibo, 2020).

La cita de Maite Martí Vallejo pertenece a su libro *La vida cotidiana arrasa Europa* (Ril Editorial, 2019).

Murcof y Rose son íntimas del narrador.

Fakta es una cadena de supermercados de Dinamarca.

Podría haber otras obras de Jean-Luc Lagarce con las que se obsesionara el *Major Tom: Reglas, usos y costumbres en la sociedad moderna* o *Yo estaba en casa y esperaba que viniera la lluvia* o *El país lejano*.

La cita de Brian Eno pertenece a la canción *By this river* (Polydor Records, 1977).

La cita de Juliana de Norwich pertenece a *The revelations of divine love* (Penguin Books, Harmondsworth; London, 1966).

La cita de Franco Battiato está extraída de la canción *Un'altra vita* (EMI Italiana, 1979).

Jugar a saltar dobles podría ser el título de una historia que evocara cierto trauma familiar.

ÍNDICE

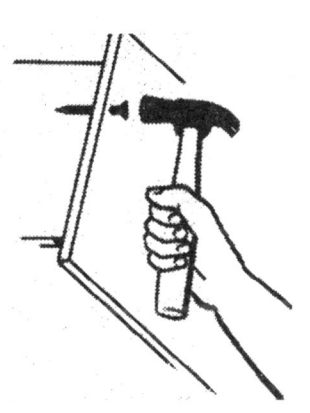

Esta primera edición de *Si te preguntas por qué un poco* (primer volumen del díptico *Las invasiones glaciales*), de Txetxu González, terminó de imprimirse en febrero de 2025, cuando se cumplen ochenta años de la grabación de la canción «Ev'ry Time We Say Goodbye», de Cole Porter, interpretada por el quinteto de Benny Goodman y la voz de Peggy Mann, la misma canción que once años después, en 1956, interpretaría Ella Fitzgerald, y cuyo verso «I wonder why a little» encendió la imaginación del autor de este libro.